BEI GRIN MACHT SICH IHR WISSEN BEZAHLT

- Wir veröffentlichen Ihre Hausarbeit, Bachelor- und Masterarbeit

- Ihr eigenes eBook und Buch - weltweit in allen wichtigen Shops

- Verdienen Sie an jedem Verkauf

Jetzt bei www.GRIN.com hochladen und kostenlos publizieren

Rolf Tanner

Risiko versichern

Risiko - vom Umgang mit dem Ungewissen

GRIN Verlag

Bibliografische Information der Deutschen Nationalbibliothek:

Die Deutsche Bibliothek verzeichnet diese Publikation in der Deutschen Nationalbibliografie; detaillierte bibliografische Daten sind im Internet über http://dnb.d-nb.de/ abrufbar.

Dieses Werk sowie alle darin enthaltenen einzelnen Beiträge und Abbildungen sind urheberrechtlich geschützt. Jede Verwertung, die nicht ausdrücklich vom Urheberrechtsschutz zugelassen ist, bedarf der vorherigen Zustimmung des Verlages. Das gilt insbesondere für Vervielfältigungen, Bearbeitungen, Übersetzungen, Mikroverfilmungen, Auswertungen durch Datenbanken und für die Einspeicherung und Verarbeitung in elektronische Systeme. Alle Rechte, auch die des auszugsweisen Nachdrucks, der fotomechanischen Wiedergabe (einschließlich Mikrokopie) sowie der Auswertung durch Datenbanken oder ähnliche Einrichtungen, vorbehalten.

Impressum:

Copyright © 2011 GRIN Verlag GmbH
Druck und Bindung: Books on Demand GmbH, Norderstedt Germany
ISBN: 978-3-656-10138-3

Dieses Buch bei GRIN:

http://www.grin.com/de/e-book/184766/risiko-versichern

GRIN - Your knowledge has value

Der GRIN Verlag publiziert seit 1998 wissenschaftliche Arbeiten von Studenten, Hochschullehrern und anderen Akademikern als eBook und gedrucktes Buch. Die Verlagswebsite www.grin.com ist die ideale Plattform zur Veröffentlichung von Hausarbeiten, Abschlussarbeiten, wissenschaftlichen Aufsätzen, Dissertationen und Fachbüchern.

Besuchen Sie uns im Internet:

http://www.grin.com/

http://www.facebook.com/grincom

http://www.twitter.com/grin_com

Ringvorlesung der Fachhochschule Nordwestschweiz- Basel im Herbstsemester 2011

Risiko - vom Umgang mit dem Ungewissen

"Risiko versichern"

8.12.2011

Dr. Rolf Tanner

Inhalt

Einleitung 3
Die Versicherungswirtschaft 5
Entwicklung der Versicherung 13
Die Versicherbarkeit von Risiko 18
Ausblick 25

Einleitung

Risiko versichern - so der Titel des heutigen Vortrags. Wer von Ihnen alle oder doch einige der Vorlesungen in diesem Zyklus "Risiko. Vom Umgang mit dem Ungewissen" besucht hat, machte mit Risiko schon auf vielfältige Art und Weise Bekanntschaft: philosophisch, historisch, ökonomisch, technisch. Risiko hat seinen festen Platz in unserer heutigen Welt. Der Soziologe Ulrich Beck schrieb bereits 1986, also vor 25 Jahren, ein Buch mit dem programmatischen Titel "Risikogesellschaft". Sein Befund, dass wir in einer solchen Risikogesellschaft leben, hat bis heute Bestand. Dabei fehlt es, wie Sie vielleicht im Laufe des Vorlesungszyklus auch schon gehört haben, im Prinzip an einer verbindlichen und unbestrittenen Definition von Risiko.[1] Doch bei aller Unklarheit darüber, was denn Risiko eigentlich ist, sind wir eifrig dabei, als Gesellschaft, als Unternehmen und als einzelne Risiko und Risiken zu managen. Ein Autor hat denn auch geschrieben, wir seien im Zeitalter des "...risik management of everything"[2] angelangt - im Zeitalter, in dem wir alles als Risiko managen.

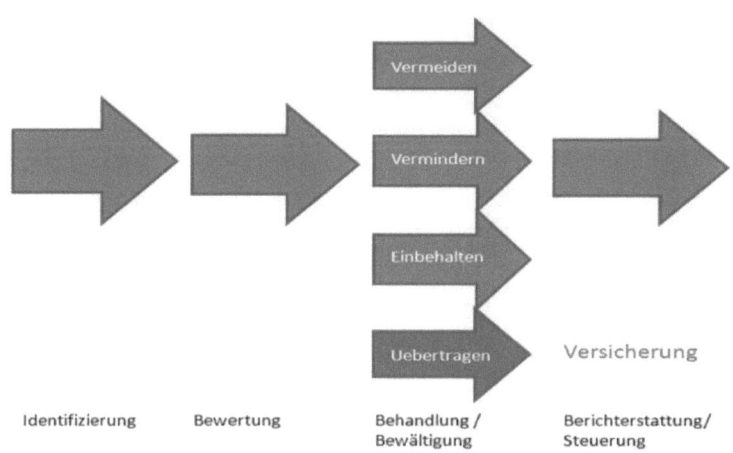

---

[1] Sandra Gisin, Der Finanzmarkt und sein Risiko. Eine soziologische Studie. Dissertation der Universität Zürich. Wiesbaden DUV, 2000, pp. 39f.
[2] Michael Power, The Risk Management of Everything. Rethinking the politics of uncertainty. London, Demos, 2004, pp. 10-16

Risikomanagement ist ein mehrstufiger Prozess. Zuerst werden Risiken identifiziert, dann bewertet, schliesslich darüber entschieden, wie sie behandelt oder bewältigt werden sollen. Zur Bewältigung gibt es vier mögliche Strategien: man kann erstens Risiken vermeiden. Das ist allerdings nicht immer möglich, zudem werden dabei oft einfach gewisse Risiken gegen andere eingetauscht: Der Ausstieg aus der Kernkraft zum Beispiel vermeidet das Risiko des nuklearen Unfalls mit potentiell verheerenden Auswirkungen auf Mensch und Umwelt, schafft aber vermehrt Risiken bei der Energiesicherheit und gefährdet damit vielleicht Wohlstand.[3] Eine zweite Strategie ist, Risiko zu vermindern. Das können wir, indem wir zum Beispiel die Eintrittswahrscheinlichkeit von gewissen Ereignissen vermindern, etwa, indem wir technische Anlagen solider bauen und immer auf den neusten Stand bringen. Oder aber wir reduzieren das Schadenpotential, z.B. bei Naturkatastrophen, indem wir gegen Hochwasser Dämme errichten. Eine dritte Strategie ist, dass wir Risiken einbehalten. Diesen Weg wählen wir - müssen wir wählen -, weil es oft keine andere Möglichkeit gibt: Wir können z.B. nicht verhindern, dass ein grosser Meteorit die Erde trifft und dabei alles menschliche Leben beendet. Andererseits wählen wir auch diesen Weg, weil z.B. der erwartete Schaden eines bestimmten Risikos als sehr klein eingestuft wird und es zudem selten auftritt. Schutzmassnahmen dagegen kämen viel teurer als die Absorption der sehr gelegentlichen, geringen Verluste. Schliesslich die vierte Strategie: wir übertragen Risiken auf Dritte. Genauer gesagt übertragen wir gewisse Konsequenzen von Risiken auf Dritte. Wir können nicht verhindern, dass es zu heftigen Gewittern kommt und dass deswegen Flüsse plötzlich Hochwasser führen. Aber wir können die finanziellen Schäden und Verluste, die von allfälligen Hochwassern durch Überschwemmungen verursacht werden, gegen ein Entgelt auf Dritte übertragen. Genau das machen Versicherungen. Sie sind Risikoübertragungs- oder Risikotransfermechanismen. Sie übernehmen Risiken von anderen, die diese nicht tragen können oder wollen. Sie sind die Bewirtschafter von Risiken von anderen - und zwar auf kommerzieller Basis.

---

[3] Konrad Hummler, "Das Risiko der Risikofähigkeit". Neue Zürcher Zeitung, 6. April 2011

Ich möchte in einem ersten Teil meines Vortrags deshalb zuerst auf die Versicherungswirtschaft und ihre Bedeutung zu sprechen kommen, dann kurz auf die Entwicklung von Versicherung und Versicherungen eingehen, die Kriterien von Versicherbarkeit näher anschauen, und schliesslich mit einem Ausblick meine Ausführungen beenden.

Die Versicherungswirtschaft

Wenn ich im Folgenden von Versicherungen spreche, so meine ich damit grundsätzlich die private, kommerziell orientierte Versicherungswirtschaft oder, wie sie auch genannt wird, die Privatassekuranz. Versicherung bzw. Versicherungen sind aber natürlich nicht nur privat, sondern vielfach auch staatlich organisiert. Abgesehen davon, dass der Staat als Regulator der privaten Versicherungswirtschaft agiert, trifft er vielerorts als direkter Erbringer von eigenen Versicherungsleistungen auf – meist dort, wo die private Versicherungsindustrie keine oder nur als ungenügend taxierte Leistungen anbieten will oder kann.[4] Deshalb: Ich werde mich, wie gesagt, auf die privaten Versicherer konzentrieren, aber die staatlichen Versicherungen zum Vergleich oder zur Vervollständigung herbeiziehen.

---

[4] Swiss Re. State involvement in insurance market. Sigma 3/2011, p. 2. Verfügbar unter http://media.swissre.com/documents/sigma3_2011_en.pdf

Ueberblick Versicherungswirtschaft I

Marktgrösse 2010

Land	Mrd USD	Anteil Weltmarkt (in %)
USA	1166	26.9
Japan	557	12.9
Grossbritannien	310	7.2
Frankreich	280	6.5
Deutschland	240	5.5

Versicherungsdichte 2010

Land	Pro Kopf (in USD)
Schweiz	6634
Niederlande	5845
Luxemburg	5653
Dänemark	5084
Grossbritannien	4497

Quelle: Swiss Re, Sigma

Das weltweite Prämienvolumen der privaten Versicherer betrug 2010 etwa 4.3 Billionen US Dollar. Das ist etwa das Anderthalbfache des deutschen Bruttosozialproduktes. Die grössten privaten Märkte sind die USA mit einem Weltmarktanteil von 27 %, gefolgt von Japan mit 13 % und Grossbritannien mit 7 %. Nimmt man allerdings die EU als Ganzes (was angesichts der immer noch stark national fragmentierten Versicherungsmärkte in Europa etwas fragwürdig ist), dann deckt die EU 34 % des Weltmarktes ab. Anders sieht es aus, wenn man die Versicherungsdichte nimmt, d.h., wenn wir schauen, in welchem Land wie viel pro Kopf für private Versicherungen ausgegeben wird. Da haben die Schweizer die Nase vorn mit USD 6'650. Es folgen die Niederländer mit USD 5'850 und die Luxemburger mit USD 5'650. Die Amerikaner befinden sich an 12. Stelle und die Deutschen an 18.; die Japaner bringen es immerhin auf den 6. Rang.

Ueberblick Versicherungswirtschaft II

Versicherungsdurch-dringung
2010

Marktgrössen
Leben/Nichtleben 2010

Land	Anteil % am BSP
Taiwan	18.4
Südafrika	14.8
Grossbritannien	12.4
Niederlande	12.4
Hong Kong	11.4

Land	Leben (in Mrd USD)	Nichtleben (in Mrd USD)
Japan	441	116
Grossbritannien	214	96
Südafrika	43	10
Schweiz	29	23
Deutschland	114	125

Quelle: Swiss Re, Sigma

Man kann die Liste aber auch noch unter einem dritten Gesichtspunkt anschauen, nämlich nach der Versicherungsdurchdringung, d.h. nach dem Anteil der Prämienvolumina am Bruttosozialprodukt. Das gibt Aufschluss über die Bedeutung der Versicherungen für die jeweilige Volkswirtschaft. An erster Stelle in dieser Rangliste steht Taiwan, wo das Prämienvolumen der Versicherungen mehr als 18 % des BSP ausmacht. Es folgen Südafrika mit knapp 15 % und, fast gleichauf, Grossbritannien und die Niederlande mit je 12.4 %. In der Schweiz sind es 10 %, was unser Land auf den neunten Platz rückt, noch hinter Hongkong, Südkorea, Japan und Frankreich.[5]

Traditionell wird in der privaten Versicherung zwischen Leben- und Nichtlebengeschäft unterschieden. Die beiden Teilmärkte funktionieren nach sehr unterschiedlichen Gesetzmässigkeiten. Hinzu kommt noch der Gesundheits- und Krankenversicherungsmarkt, der wiederum seine eigenen Gesetzmässigkeiten hat, allerdings in vielen Ländern partiell oder vollständig verstaatlicht ist. Der

---

[5] Swiss Re. World Insurance in 2010. Premiums back to growth - capital increases. Sigma No. 2/2011, pp. 33, 38, 39. Verfügbar unter http://media.swissre.com/documents/sigma2_2011_en.pdf

Nichtlebenmarkt unterteilt sich hauptsächlich in Sach- und Haftpflichtversicherungen sowie eine ganze Reihe von Spezialversicherungen mit ihren zum Teil überaus ausgeprägten, historisch gewachsenen Besonderheiten, wie etwa die Kreditversicherung oder die Transportversicherung.

Leben- und Nichtlebenversicherungen sind in den jeweiligen Märkten sehr unterschiedlich stark entwickelt. So etwa ist in Japan der Lebensmarkt viermal grösser als der Nichtlebenmarkt, was das Prämienvolumen anbelangt. Auch in Grossbritannien ist der Lebenmarkt doppelt so gross wie der Nichtlebenmarkt. In der Schweiz dagegen sind die beiden Märkte fast gleich gross, in Deutschland ist der Nichtlebenmarkt leicht grösser, in den meisten Schwellenländern (ausser Südafrika und China) ist der Lebenmarkt kaum existent, auch wenn er - von tiefem Niveau her - rasant wächst.

Katastrophenereignisse, wie z.B. die diesjährigen Erdbeben in Neuseeland und Japan, aber auch tragische Ereignisse wie Flugzeugabstürze tangieren vor allem das Nichtlebengeschäft und rufen auch regelmässig das Interesse der Medien an Versicherung hervor. Es waren Katastrophenereignisse in der Vergangenheit, welche dann zur Bildung des Rückversicherungsmarktes führten. Denn Katastrophen können Schadenforderungen bei einer lokal verankerten Versicherungsgesellschaft derart massieren, dass sie mit der Regulierung der Schäden nicht mehr nachkommt und in die Insolvenz fällt. Um sich dagegen abzusichern, entstanden Rückversicherer, die – banal gesprochen – nichts anderes sind als die Versicherer der Versicherer. Es gibt noch eine weitere Stufe, die Retrozession, d.h., die Versicherung der Rückversicherer. Während es aber eigenständige Rückversicherungsgesellschaften gibt, wird das Retrozessionsgeschäft opportunistisch, d.h., nach Gelegenheit, von Erst- und Rückversicherern wie auch von anderen Finanzgesellschaften (z.B. Hedge Funds) getätigt. Eine Alternative zum Retrozessions- und in gewissen Fällen auch zum Rückversicherungsmarkt ist zudem in den letzten 15 Jahren die sogenannte Verbriefung von Versicherungsrisiken geworden. Vor allem Naturkatastrophenrisiken werden dabei in einer Obligation, einem "Cat Bond", gebündelt und dann am Kapitalmarkt an Investoren verkauft.[6]

Während der Erstversicherungsmarkt ein Prämienvolumen von 4.3 Billionen US Dollars generiert, ist der Rückversicherungsmarkt mit einem Prämienvolumen von knapp 200 Milliarden US Dollars rund zwanzigmal kleiner. Und im Gegensatz zum Erstversicherungsmarkt, der wenigstens aus globaler Perspektive höchst fragmentiert wird, hat der Rückversicherungsmarkt fast schon oligopolistische Züge, d.h., es dominieren relativ wenige Gesellschaften: die fünf grössten Rückversicherer machen fast die Hälfte der Rückversicherungsprämien aus.[7] Das Volumen der ausstehenden Obligationen mit Versicherungsverbriefungen betrug Ende 2010 rund 14 Milliarden US Dollars.[8]

Wie gesagt: das ist nur der private Versicherungsmarkt. Dazu kommen die staatlichen und Sozialversicherungen. Die Situation variiert hier von Land zu Land. Entweder tritt der Staat als Monopolversicherer für gewisse Risiken und Gefahren auf, oder er ergänzt bzw. konkurrenziert privatwirtschaftliche Anbieter. Der Staat ist oft tätig als Unfall- und Krankenversicherer, meist als Versicherer gegen Arbeitslosigkeit und Berufsunfall und als Betreiber von Altersversicherungen. Hinzu kommen eine ganze Reihe von länderspezifischen Spezialversicherungen, wie zum Beispiel Gebäudeversicherungen in einigen schweizerischen Kantonen, Flutversicherungen in den USA, Erdbebenpools (Japan, Taiwan, Türkei), Versicherungen gegen Wirbelstürme (Florida) oder Terrorismusversicherungen, Exportrisikoversicherungen und Pools für Nuklearunfälle. Wie hoch die Prämiensummen für diese staatlichen Versicherungen weltweit sind – darüber gibt es meines Wissens keine verlässlichen Zahlen. Doch sie dürften beträchtlich sein. Prämien an staatliche Gesundheits- und

---

[6] Swiss Re. Securitization - new opportunities to insurers and investors. Sigma 7/2006. Verfügbar unter: http://media.swissre.com/documents/sigma7_2006_en.pdf
[7] Swiss Re. The essential guide to reinsurance, p. 13. Verfügbar unter: http://media.swissre.com/documents/The_Essential_Guide_to_Reinsurance_EN.pdf
[8] Swiss Re. Insurance-Linked Securities Market Update.Volume XVI, February 2011. p. 2. Verfügbar unter: http://media.swissre.com/documents/ILS_Market_update_Factsheet_General_3_16_11.pdf

Krankenversicherungen machten 2007 in den OECD-Ländern allein nochmals 1.1 Billionen US Dollars aus.[9]

Volkswirtschaftlich ist die Assekuranz ein bedeutender Arbeitgeber, der Arbeitsplätze mit hoher Wertschöpfung schafft und anbietet. In Gesamteuropa, d.h., also inner- und ausserhalb der EU, sind es etwas mehr eine Million, davon in der Schweiz knapp 50'000.[10] Für den NAFTA-Raum (d.h., also USA, Kanada, und Mexiko) waren es 2009 knapp 300'000 Angestellte, was verhältnismässig tief erscheinen mag (im Vergleich zu Europa), aber mit dem anderen Geschäftsmodell der amerikanischen Versicherer zu tun hat - amerikanische Versicherungen z.B. kennen das Aussendienstmitarbeiter-Modell, das bei uns gang und gäbe ist, bedeutend weniger und arbeiten viel mehr mit unabhängigen Agenten und Maklern. In Japan hat die Assekuranz 450'000 Angestellte, und in China beschäftigen die drei grössten, staatlichen Versicherer immerhin zusammen 350'000 Leute.

Die Versicherungswirtschaft spielt eine wichtige volkswirtschaftliche, sozialpolitische und – wenn man so will – psychologische Rolle. Volkswirtschaftlich eine wichtige Rolle spielen die Versicherer zuerst einmal als Investoren und Vermögensverwalter. Denn die Prämien, die Versicherer einnehmen, müssen auch angelegt werden. Traditionell waren Lebensversicherer als Ersparnissammelbecken die grösste Finanzierungsquelle der Banken.[11] Weltweit halten Versicherer ein Anlagevermögen von 22.6 Billionen US Dollars, oder 12 % des gesamten, globalen Anlagevermögens.[12] Die Versicherer sind langfristige Anleger. Und sie sind auch darauf angewiesen, dass sie diese Anlagen relativ schnell und ohne Wertverlust verkaufen können, wenn Schadenzahlungen nötig werden. Folglich konzentrieren sich Versicherer auf Anlageninstrumente, die relativ immun sind gegenüber Wertschwankungen und die einen liquiden Markt haben. Bisher waren Versicher denn auch unter den grössten Abnehmern von Regierungs- und Firmenanleihen. In einer Reihe von Ländern sind sie

---

[9] http://www.oecd-ilibrary.org/social-issues-migration-health/total-expenditure-on-health_20758480-table1; http://www.oecd.org/document/11/0,3746,en_2649_37407_16502667_1_1_1_37407,00.html#B5
[10] http://www.svv.ch/de/zahlen-und-fakten
[11] "Finanzplatz hier im Vergleich paradiesisch." Finanz und Wirtschaft 23.11.2011, p. 13
[12] Swiss Re. Insurance investment in a challenging global environment. Sigma, 5/2010, p. 3. Verfügbar unter: http://media.swissre.com/documents/sigma5_2010_en.pdf; Swiss Re, Essential Guide, p. 20

durch regulatorische Vorschriften ohnehin gehalten, vor allem in Regierungsobligationen zu investieren. Vor diesem Hintergrund ist es denn verständlich, dass die gegenwärtigen Verwerfungen in der Eurozone auch Schatten auf die Versicherer werfen.

Neben dieser Rolle als Anleger und Kapitalbeschaffer für das Banken- und Finanzsystem spielen Versicherer eine wichtige psychologische Rolle. Wenn Menschen wirtschaftliche Entscheidungen fällen, liegen diesen Entscheidungen Annahmen über die Zukunft zugrunde. Ich kaufe mir z.B. heute ein Haus, weil ich denke, dass ich es mir in der Zukunft leisten kann, die Raten für die Hypothek zu bezahlen. Ist meine Einschätzung der Zukunft positiv, dann werde ich optimistischere, riskantere Entscheidungen treffen. Ist meine Einschätzung der Zukunft negativ, dann werde ich mich vorsichtiger verhalten. Versicherung trägt dazu bei, Erwartungen über die Zukunft positiv zu beeinflussen bzw. zu stabilisieren. Wer die Gewissheit hat, im Falle eines Schadens oder Verlustes finanziell entschädigt zu werden, muss keine eigenen Reserven für diesen Fall anlegen. Er kann damit die Mittel, die er für die Reservenbildung benötigt hätte, anders verwenden, zum Beispiel für Investitionen, die wiederum – wenn erfolgreich - den eigenen Wohlstand mehren.

Versicherung fördert also Wohlstand, indem sie Erwartungen über die Zukunft stabilisiert und Investitionen und Innovation fördert. Sie ermöglicht auch höhere Risikobereitschaft, denn wer weiss, dass er im Falle eines Misserfolgs oder eines Unglückfalles wenigstens finanziell entschädigt wird, wagt mehr. Gemäss dem wirtschaftlichen Grundsatz, dass das Ausmass des Risikos etwa dem Ausmass der Rendite entspricht, bedeutet aber höheres Risiko höhere Rendite und damit höheren Wohlstand – sofern die Rechnung aufgeht, muss man allerdings anfügen.

Zum Schluss dieses Abschnitts möchte ich noch kurz auf einen wichtigen sozialpolitischen Aspekt von Versicherung eingehen: Da Versicherung Erwartungen über die Zukunft stabilisiert und Investitionsbereitschaft erhöht, wäre es aus sozialpolitischer Sicht wohl besonders wichtig und begrüssenswert, wenn vor allem ärmere Gesellschaftsschichten Zugang zu Versicherung hätten – denn damit könnten sie selbst dazu beitragen, ihrer Armut durch erfolgreiches Wirtschaften zu entrinnen. Vor allem aber treffen finanzielle Verluste aus Schäden Bedürftige relativ gesehen mehr als Wohlhabende: Diese können aufgrund ihres Wohlstandes einen Verlust besser verkraften und geraten in der Regel wegen eines moderaten Schadens nicht an den Rand des Existenzminimums oder gar darunter. Arme dagegen sind in ihrer Existenz bedroht, wenn sie einen Schaden erleiden, und sie verfügen auch nicht über die Mittel, einen Verlust rasch zu ersetzen. Theoretisch müsste also die Versicherungsdichte in Entwicklungsländern, in Armenvierteln und unter den bedürftigen Gesellschaftsschichten am grössten sein. Wie die Übersicht zu Beginn dieses Vortrags über die Versicherungsmärkte gezeigt hat, ist indes genau das Gegenteil der Fall: Versicherung ist etwas für Wohlhabende und Reiche, sowohl wenn es um Einzelpersonen wie auch um Länder und Märkte geht. Die Erklärung dafür ist einfach: Wer ums tägliche Überleben kämpft, wer jeden Fünfer zweimal umdrehen muss, der kann es sich schlichtweg nicht leisten, Mittel aufzubringen, um Prämien für einen Schadenfall zu berappen, der möglicherweise weit in der Zukunft liegt - sofern er denn überhaupt eintrifft. Nur wer genügend Finanzen hat, kann Geld für eine Prämie aufbringen. Untersuchungen haben gezeigt, dass die Versicherungsdichte erst ab einer gewissem Pro-Kopf-Einkommen steil zunimmt, um dann bei einem wesentlich späteren Punkt aufgrund von Sättigung abzuflachen.[13] Das Phänomen wird denn auch als die S-Kurve der Versicherungsnachfrage bezeichnet.

Die Unerschwinglichkeit von Versicherung für Bedürftige und für jene, die sie im Prinzip am nötigsten hätten, hat immer wieder dazu geführt, dass der Staat als Versicherer eingesprungen ist, sei es als Regulierer, sei es als Anbieter von Versicherung. Wir werden beim Thema Versicherbarkeit nochmals auf diesen Punkt zurückkommen.

---

[13] Rudolf Enz. „The S-Curve Relation Between Per-Capita Income and Insurance Penetration". The Geneva Papers on Risk and Insurace. Vol. 25, No. 3, (July 2000); p. 400. Verfügbar unter:
http://www.genevaassociation.org/PDF/Geneva_papers_on_Risk_and_Insurance/GA2000_GP25(3)_Enz.pdf

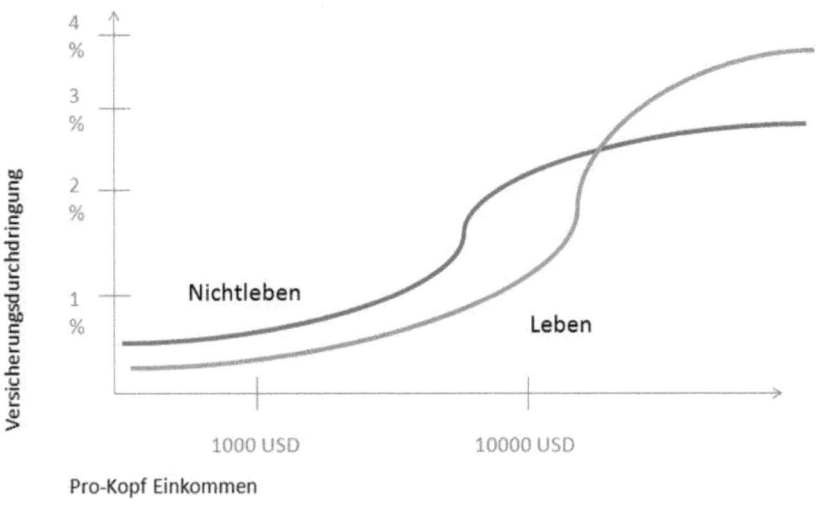

Quelle: Enz, Geneva Association

Entwicklung der Versicherung

Kommen wir nun zur Entwicklung von Versicherung. Wie kam es überhaupt so weit?

Die Versicherungswirtschaft, wie wir sie heute kennen, ist ein Kind der Industrialisierung und des Industriezeitalters. Doch die Ursprünge der Versicherung reichen viel weiter zurück als die Industrialisierung. Ihre Entwicklung zu dem, was sie heute ist, ist dabei nicht nur die Geschichte eines Wirtschaftszweiges, sondern auch ein kultur- und mentalitätshistorischer Exkurs, wie mit Risiko, mit Ungewissheit und Gefahr im Laufe der Zeit umgegangen worden ist und wie sich dieser Umgang geändert hat. Die Geschichte der Versicherung veranschaulicht, wie die Aufklärung nach und nach das Verständnis des Menschen von Natur, Gefahr und Schicksal und der damit verbundenen eigenen Rolle verändert hat.

Menschen schlossen sich immer schon zusammen, um gemeinsam und solidarisch Katastrophen zu begegnen und ihre Verluste zu sozialisieren. Solche Risikogemeinschaften konnten Dorfkommunen sein, die nach einem Brandfall ein Haus wieder gemeinsam aufbauen. Sie konnten auch Zusammenschlüsse von Kaufleuten sein, die bestimmte Verluste solidarisch trugen. Derartige Gemeinschaften finden sich in fast allen Kulturen und gehen bis in die frühe Antike zurück. So stammt die erste Regelung von Risikogemeinschaften etwa aus dem alten Babylonien. Das ist übrigens auch das früheste Beispiel für den Eingriff des Staates ins Versicherungswesen. Wichtig ist dabei: Risikogemeinschaften dieser Art sicherten nicht gegen alle Risiken ab, sondern nur gegen Risiken, die man als katastrophal und als ausserhalb des eigenen Einflussbereichs liegen sah. Nehmen wir das erwähnte Beispiel der Kaufleute: Hier ging es nicht um die Absicherung gegen "normale" ökonomische Verluste - die Kaufleute standen untereinander ja auch in Konkurrenz und der Gewinn des einen war leicht der Verlust des andern -, sondern es ging um "aussergewöhnliche" Ereignisse. Das konnten zum Beispiel Überfälle durch Räuber sein, die einem die Ware stahlen, oder Stürme auf dem Meer, welche die Schiffe samt Waren untergehen liessen. Gegen diese Gefahren empfand man sich als machtlos, und sie trafen einen unabhängig davon, ob man nun ein guter oder schlechter Kaufmann war. Bei Überfällen durch Räuber oder bei Meeresstürmen schien es sinnvoll, dass alle zusammenstanden und den Betroffenen unterstützten. Denn was heute den einen traf, konnte morgen einen anderen treffen, je nach Laune des Schicksals.[14]

Im Unterschied zum späteren Versicherungswesen fehlte diesen frühen Risikogemeinschaften das kommerzielle Element. Sie waren keine eigenständigen Gesellschaften, und sie waren nicht gewinnorientiert. Getragen wurden bloss die eigenen Risiken, nicht die Risiken von anderen. Es ging nur um den Ersatz von eigenem Verlust. Zudem existierten diese Risikogemeinschaften meist auch nur temporär. Man schloss sich für eine gemeinsame Handelsexpedition zusammen; war

---

[14] Peter L. Bernstein. Against the Gods. The remarkable story of risk. New York, John Wiley & Sons, 1996; p. 95

diese erfolgreich verlaufen und ohne Verlust und Schaden abgeschlossen, ging man wieder auseinander.

Nun muss man sich in Erinnerung rufen, dass diese frühen Risikogemeinschaften in einer Zeit und einer Gesellschaft entstanden, in welcher die Welt ungemein viel mysteriöser und gefährlicher schien und effektiv auch war als heute. Der Mensch, mit seinen geringen ökonomischen und technologischen Ressourcen, stand einer übermächtigen Natur und einem rätselhaften Schicksal gegenüber. Zahlreiche Unbilden und Gefahren lauerten, denen der Mensch fast schutz- und wehrlos ausgeliefert war. Epidemien, Naturkatastrophen, Feuer, Blitz- und Hagelschlag, Hunger, Gewalt von anderen Mitmenschen - die durchschnittliche Lebenserwartung betrug 30 Jahre. Über all dem thronte Gott, und was passierte, war Teil seiner Vorherbestimmung, seines Heilsplans. Die Zukunft war festgelegt, doch dem einzelnen Menschen unergründlich. Das wirksamste Risiko Management Tool, um die heutige Terminologie zu gebrauchen, war das Gebet, die Fürbitte beim Allmächtigen um ein gnädiges Schicksal.

Das alles begann sich ab dem 17. Jahrhundert zu ändern. Die ersten Naturwissenschaftler erforschten die Umwelt systematisch und entdeckten dabei nach und nach Gesetzmässigkeiten. Diese wissenschaftliche Entdeckung und Entzauberung der Welt ging einher mit Fortschritten in der Mathematik. Blaise Pascal, Pierre de Fermat, John Graunt und die Schweizer Jacob und Daniel Bernoulli lieferten Erkenntnisse, die für die weitere Entwicklung der modernen Versicherung entscheidend waren – die Wahrscheinlichkeitsrechnung, die Statistik, das Gesetz der grossen Zahl, später kam dann noch die Normalverteilung dazu.[15] Dank diesen mathematischen Erkenntnissen und Fortschritten wurde es möglich, die beobachteten physikalischen Phänomene einzuordnen und Aussagen darüber zu machen, mit welcher Wahrscheinlichkeit diese Phänomene in der Zukunft eintreten und welche Intensität sie dann aufweisen würden. Durch die Wissenschaften erkannte man, dass die Zukunft alles andere als fix vorbestimmt war. Im Gegenteil:

---

[15] Bernstein, Gods, pp. 57-133

Die Zukunft war prinzipiell offen, auch der Gestaltung durch den Menschen. Abstrakte Voraussagen über die Zukunft wurden möglich – man wusste zwar nicht, wann genau und wo genau und mit welcher Intensität genau ein Ereignis eintreten würde, aber man wusste doch, dass über einen Zeitraum X ein Ereignis im Durchschnitt Y-mal auftreten würde, und dabei eine Wirkung von Z haben bzw. einen Schaden von Z verursachen würde. Damit liessen sich auch gewisse Schutzmassnahmen planen und umsetzen gegen diese Gefahr. Eine dieser Schutzmassnahmen war Versicherung. Eine Prämie liess sich nun auf kommerzieller Basis berechnen: Eintrittswahrscheinlichkeit A mal Schadenhöhe B dividiert durch die Anzahl Prämienzahler C.

Basisformel Versicherungsprämien

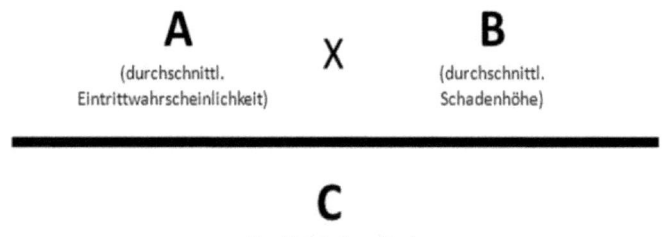

Ab diesem Zeitpunkt nahm die Versicherung ihren Aufschwung. In London betrieb ein gewisser Edward Lloyd ein Café, wo sich Schiffeigner und Kapitäne trafen und die ersten Versicherungskontrakte schlossen. Die Transportversicherung als separater Versicherungszweig ist denn auch bis heute stark durch diese Tradition von Lloyd's, inklusive der englischen Rechtsprechung, geprägt.[16] Doch Lloyd's war noch keine wirkliche Versicherungsgesellschaft, wie wir das heute verstehen, eher ein Versicherungsmarkt, vergleichbar einem Basar. (Und das ist es bis heute eigentlich auch geblieben.) Dennoch breitete sich von London und England die nunmehr wissenschaftlich-mathematisch abgestützte Assekuranz auf den europäischen Kontinent und in die noch junge USA aus. Während die Sachversicherungen vor allem in Deutschland relativ rasch Verbreitung fanden, erlebte die Lebenversicherung eine erste Blüte in Frankreich.

1841 kam es zu einem verheerenden Stadtbrand in Hamburg - viele Städte waren damals noch mehrheitlich aus Holz gebaut. Als Folge davon entstand die Kölner Rück als die erste moderne, kommerziell ausgerichtete Rückversicherungsgesellschaft. Das Beispiel aus Deutschland fand in der Schweiz Nachahmung nach dem Brand von Glarus. Im Dezember 1863 gründeten die Schweizerische Kreditanstalt (die heutige Credit Suisse), die Rentenanstalt (auch sie nennt sich heute anders) und die Helvetia-Versicherungen die Schweizer Rück. Deutschland und die Schweiz waren also Pioniere im Rückversicherungswesen, und da Münchner Rück und Swiss Re Nummer 1 und 2 im Rückversicherungsmarkt sind, kann man also sagen, dass Deutschland und Schweiz ihren historischen Vorsprung halten konnten.[17]

Risiko war nun also Eintrittswahrscheinlichkeit mal Schadenshöhe. Darüber hatte die Versicherungswirtschaft als Experte das Deutungsmonopol. Risiko war technisch-wissenschaftlich, definiert und eruiert in Übereinstimmung mit den Prämissen moderner Wissenschaftlichkeit und damit objektiv, nicht Gegenstand von subjektivem Empfinden. Liessen sich Eintrittswahrscheinlichkeit und Schadenhöhe nicht wissenschaftlich exakt bestimmen, war ein Phänomen eben kein Risiko.

Seit den sechziger und siebziger Jahren des letzten Jahrhunderts geriet dieser Risikobegriff zusehends ins Kreuzfeuer der Kritik. Einerseits wurde die Objektivität als Norm hinterfragt. Gerade in der Wissenschaft kamen Zweifel auf, ob es überhaupt so

---

[16] Bernstein, Gods, p. 89f.
[17] Swiss Re, Essential guide, p. 11

etwas wie Objektivität geben könne, denn auch die Wissenschaft und damit Wissenschaftler würden von gewissen subjektiven Werthaltungen und Positionen ausgehen. Andererseits schürte die Kernkraftdebatte Zweifel, ob eine rein technisch-wissenschaftliche Risikodefinition wirklich noch angebracht war. Der Risikobegriff erfuhr eine Aufweichung und Erweiterung. Damit wurde aber die Verbindung von Risiko und Versicherbarkeit hinterfragt.

Die Versicherbarkeit von Risiko

Wir sind damit bei der Versicherbarkeit von Risiko angelangt.

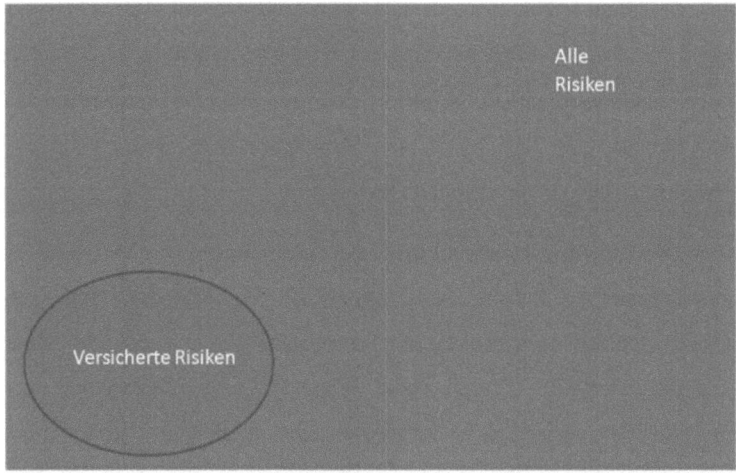

Wie wir gesehen haben, kann Versicherung wohlstandsfördernd wirken. Versicherung ist deshalb aus einer volkswirtschaftlichen und sozialpolitischen Perspektive wünschbar. Allerdings stellen sich für die private Assekuranz bei der Versicherbarkeit oft zwei Probleme: einerseits, geht man von einem alltagssprachlichen, breiten Risikobegriff aus, sind eigentlich nur sehr wenige Risiken versicherbar. Krieg, Hunger, der Klimawandel, aber auch private Katastrophen wie eine Ehescheidung – gegen diese Risiken gibt es heute keine Versicherung. Andererseits, rein mathematisch, wissenschaftlich und theoretisch wären eigentlich mehr Risiken versicherbar, als dann auch tatsächlich versichert werden.[18] Die Versicherungsindustrie macht immer wieder die Erfahrung, dass Versicherung gegen bestimmte Risiken keinen Absatz findet. Ein gutes Beispiel dafür ist der Ausbruch des isländischen Vulkans Ejyafjallajökull. Wie Sie sich gewiss erinnern, beeinträchtigte dieser Ausbruch den Flugverkehr für mehrere Wochen, legte ihn zum Teil völlig lahm. Seitens der Airlines wurde schnell der Ruf nach Versicherungsdeckung für Betriebsausfälle in solchen Situationen laut. In der Tat boten die allerwenigsten Versicherer zum Zeitpunkt des Vulkanausbruchs Policen für solche Ereignisse an. Die deutsche Allianz warf aber nach wenigen Wochen ein Produkt auf den Markt. Sie blieb darauf sitzen. Zum einen war zu diesem Zeitpunkt der Flugbetrieb bereits wieder aufgenommen und die Kunden sahen offenbar die Gefahr, dass es demnächst wieder zu einem ähnlichen Ereignis kommen würde, als gering an. Zum anderen wurde das Produkt generell als zu teuer bemängelt.[19] Ähnliches gilt etwa für sogenannten Cyberrisiken, also etwa den Datenverlust bei Firmen, aber auch um Schäden, die Hacking, Phishing und Trojaner verursachen. Deckung wird hier von den Versicherungen angeboten, und sie ist auch nachgefragt im Haftpflichtbereich. Doch wenn man sich vor Augen hält, dass spätestens seit den achtziger Jahren der Computer aus dem Büro nicht mehr wegzudecken ist und seither die Informationstechnologien gewissermassen das Rückgrat der weltweiten Güter- und Dienstleistungswirtschaft darstellen, bleibt die Nachfrage eigentlich schwach. Die meisten Unternehmen schätzen offenbar die Gefahr von Datenklau und Datenverlust als gering ein bzw. empfinden die Versicherungsprodukte, die es dazu gibt, als zu teuer im Vergleich zur potentiellen Schadenhöhe. Eine Hackerattacke auf Sony im April 2011 kostete die japanische

---

[18] Swiss Re. Product Innovation in non-life insurance markets. Where little "i" meets big "I". Sigma 4/2011. p. 25. Verfügbar unter: http://media.swissre.com/documents/sigma4_2011_en.pdf
[19] Friederike Krieger, Herbert Fromme. "Schwere Zeiten für Spezialisten". Financial Times Deutschland, 30.6.2011

Firma zwar mindestens 170 Millionen USD. Doch weniger als 5 % der Cyberattacken verursachen Kosten von mehr als US$ 20m.[20] Viele Unternehmen sind offenbar der Meinung, sie könnten das verkraften.

Vor diesem Hintergrund ist Versicherbarkeit eine relativ flexible und pragmatische Grösse, und die Kriterien der Versicherbarkeit sind alles andere als in Stein gemeisselt. Die Swiss Re hat in einer Broschüre aus dem Jahr 2005 elf solcher Kriterien aufgeführt. Von diesen sind sechs versicherungsmathematischer, drei marktbedingter und zwei gesellschaftlicher Natur. Wir wollen sie nun uns genauer anschauen.

Kriterien der Versicherbarkeit

Kategorie	Kriterium	Eigenschaft
Versicherungs-mathematisch	Risiko/Ungewissheit	Messbar
	Schadensereignisse	Unabhängig
	Höchstschaden	Beherrschbar
	Durchschnittsschaden	Moderat
	Schadenshäufigkeit	Hoch
	Moralische Risiko	Nicht übermässig
Marktbedingt	Versicherungsprämie	Angemessen
	Deckungsgrenzen	Akzeptabel
	Branchenkapazität	Ausreichend
Gesellschaftlich	Ordnungspolitik	Konsistent mit Deckung
	Rechtssystem	Erlaubt die Deckung

Quelle: Swiss Re, sigma

---

[20] Ben Berkowitz, "Hacking blitz drives cyberinsurance demand", Reuters, 14.6.2011

An erster Stelle steht, dass ein Risiko messbar sein muss, d.h., man muss seine Eintrittswahrscheinlichkeit einigermassen verlässlich berechnen können. Risiken, bei denen sich die Häufigkeit des Auftretens nicht oder nur schwer voraussagen lässt, sind in der Regel nur sehr bedingt versicherbar. Das war nach dem Terroranschlag vom 11. September 2001 in New York ein Thema: Niemand konnte eine Aussage darüber machen, wie häufig denn nun Schadensereignisse, d.h., Terroranschläge dieser Grössenordnung, in Zukunft sein würden. Folglich entspannte sich eine Diskussion über die Versicherbarkeit von Terrorismus-Risiken auf diesem Schadensniveau. Das zweite Kriterium ist, dass Risiken unabhängig voneinander auftreten müssen, d.h., ein Ereignis löst nicht eine Kettenreaktion von gleichen Folgeereignissen aus. Konkret: eine Feuersbrunst im Haus A führt nicht automatisch dazu, dass es im ganzen Dorf brennt. Drittens, der mögliche Höchstschaden muss einigermassen abschätzbar und beherrschbar bleiben. Das vierte und fünfte Kriterium betreffen die durchschnittliche Schadenshöhe - sie sollte moderat sein -, und die Häufigkeit von Risiken. Letztere sollte hoch sein, denn damit lassen sich am besten zu einem gewissen Risiko umfangreiche Statistiken erstellen. Je mehr statistisches Material wir zu einem Risiko haben, desto besser können wir es messen, die durchschnittliche Schadenshöhe berechnen, und feststellen, ob die Ereignisse wirklich voneinander unabhängig eintreten oder eben nicht. Das vierte und fünfte Kriterium erklären auch, weshalb sich Autounfälle so gut zum Versichern eignen: meistens sind die Schäden gering (der sprichwörtliche Blechschaden), aber sie treten häufig auf. Andere Risiken, wie zum Beispiel Unfälle in Kernkraftwerken, sind sehr selten, aber das Schadenpotential ist enorm - was die Versicherbarkeit in Frage stellt. Ein letztes versicherungsmathematisches Kriterium ist das sogenannte moralische Risiko bzw. die Negativselektion, „moral hazard" auf Englisch. Konkret heisst das, dass jemand durch das Bestehen von Versicherung nicht dazu verleitet wird, sich gefahrvoller zu verhalten als er das ohne Versicherung tun würde, d.h., er fährt mit einem Mietauto nicht rücksichtsloser, bloss weil es vollkaskoversichert ist.

Nun zu den marktbedingten Kriterien. Als erstes müssen die Prämien für die Versicherung eines bestimmten Risikos für die potentiellen Kunden bezahlbar sein – wir haben davon gesprochen. Das hat meist mit der Grösse des Versichertenkollektiv zu tun, d.h., mit der Zahl, die sich Deckung für ein bestimmtes Risiko suchen. Die Prämie wird unerschwinglich und damit das Risiko nicht mehr versicherbar, wenn der durchschnittliche Schaden zum Beispiel hoch ist, aber nur wenige Leute sich dagegen versichern wollen. Damit bleibt das Versichertenkollektiv zu klein, um die Prämie auf ein vernünftiges Niveau herunterzubringen. Gleiches gilt für das nächste Kriterium: Wenn die Versicherung mit zu viel Einschränkungen und Ausschlüssen daher kommt, sinkt das Interesse der potentiellen Versicherungsnehmer, und das Risiko wird nicht mehr versicherbar. Dann – als weiteres Kriterium - muss die Versicherungsbranche genügend Mittel haben, um allfällige Schäden überhaupt bezahlen zu können. Nach dem 11. September gab es Zweifel, ob die Assekuranz über genügend Kapital verfügte, um Terrorrisiken vollständig abdecken zu können.

Schliesslich zu den beiden letzten Kriterien: Einerseits muss die Versicherung eines bestimmten Risikos als gesellschaftlich erwünscht und nützlich angesehen werden. Andererseits muss die Versicherung rechtlich auch möglich sein. Wir sollten allerdings davon ausgehen könne, dass das, was gesellschaftlich erwünscht ist, auch gesetzlich machbar sein sollte. Gibt es ein Gesetz, das eine erwünschte Versicherbarkeit verhindert, muss eben das Gesetz geändert werden. Allerdings wissen wir aus der Praxis, dass Gesetzesänderung, selbst wenn erwünscht und mehrheitsfähig, dennoch oft einen beträchtlichen Zeitraum in Anspruch nehme.[21]

Wie gesagt: diese Kriterien der Versicherbarkeit sind relativ und flexibel. Das hat dazu geführt, dass sich im Laufe der Zeit die Versicherbarkeit von bestimmten Risiken immer wieder auch gewandelt hat, sei es durch neue wissenschaftliche Erkenntnisse, sei es durch ökonomische, regulatorische, politische und gesellschaftliche Entwicklungen. Es gibt in der Assekuranz so etwas wie ‚change risk', d.h., das Risiko, das sich die Versicherbarkeit ändert. Ein gutes Beispiel dafür ist die Versicherung von

---

[21] Swiss Re. Innovating to insure the uninsurable. Sigma 4/2005, pp. 5f. Verfügbar unter: http://media.swissre.com/documents/sigma4_2005_en.pdf

Asbest-Gefahren. Asbest als Werkstoff fand seit der Mitte des 19. Jahrhunderts in der Bauindustrie, aber auch in vielen anderen Bereichen, Anwendung. Dass Asbest gesundheitsgefährdend ist, war allerdings bereits seit dem frühen 20. Jahrhundert bekannt und in den USA wurde Lungenkrebs als Folge des Einatmens von Asbeststaub schon 1943 als Berufskrankheit anerkannt. Dennoch führten die meisten Versicherer während Jahrzehnten keinen Ausschluss für Asbest in ihren Deckungen ein. Erst als es ab den achtziger Jahren in den USA zu Massenklagen gegen die Hersteller und Verwender von Asbest kam und die Versicherer aufgrund von Gerichtsurteilen gezwungen wurden, Milliardensummen zu zahlen, trat der Gesinnungswandel ein. Mehr und mehr Versicherer schlossen Deckung für Asbestschäden au und heute gilt Asbest weiterhum als unversicherbar, auch darum, weil es mittlerweile in den meisten OECD-Ländern verboten ist. In Schwellen- und Entwicklungsländern wird aber Asbest weiterhin verwendet.[22]

Die Unversicherbarkeit von Risiken durch die private Assekuranz wurde gesellschaftlich und politisch immer wieder als problematisch empfunden. Deshalb musste immer wieder der Staat einspringen und Versicherung erst möglich machen. Das kann in verschiedener Form geschehen. Wie gesehen sind Produkten oft erfolglos, weil die Prämie als zu teuer eingeschätzt wird, was auf ein zu kleines Versichertenkollektiv zurückzuführen ist. Durch ein staatlich verordnetes Versicherungsobligatorium für eine bestimmte Zielgruppe wird nun das Versichertenkollektiv ausgeweitet. Damit sinkt die durchschnittliche Prämie bzw. es werden auch "gute" Risiken mit einbezogen, die vorher gar keine Versicherung suchten. Diese Entwicklung nahm zum Beispiel die Arbeitslosenversicherung in vielen Staaten. Historisch wurden Arbeitslosenversicherungen nämlich zuerst von privaten Versicherern angeboten. In den USA zum Beispiel boten Versicherungsgesellschaften seit der Mitte des 19. Jahrhunderts verschiedene Versicherungen gegen Risiken an, denen sich die Arbeiter in der entstehenden Industrie ausgesetzt sahen: Unfälle, Krankheiten, Arbeitslosigkeit. Diese Versicherungen erfreuten sich eines gewissen

---

[22] Swiss Re. Uninsurable, p. 15

Absatzes, waren aber für die Arbeiterfamilien oft eine enorme finanzielle Belastung und daher kaum erschwinglich. Für die Versicherungen wiederum waren sie ein sehr gutes Geschäft, was den Vorwurf nährte, die Assekuranz bereichere sich auf unlautere Art und Weise am Elend der Arbeiter. Sozialreformer sahen in einer soliden Unfall- und Arbeitslosenversicherung ein wichtiges Elemente, um Wohlstand zu stabilisieren und den Staatshaushalt in der Balance zu halten, da verarmte Arbeitslose oder Invalide letztlich über die Armenfürsorge dem Steuerzahler zur Last fielen. Doch verschiedene Versuche, eine für die meisten erschwingliche Unfall- und Arbeitslosenversicherung auf privater Basis aufzuziehen, führten nicht zu den gewünschten Resultaten. Die privaten Versicherungen blieben zu teuer. Als es dann in den dreissiger Jahren in der USA zur Depression kam und die Arbeitslosigkeit zeitweise auf über 20 % hochschoss, führte die Regierung schliesslich die obligatorische Unfall- und Arbeitslosenversicherungen ein.[23]

In anderen Fällen - z.B. bei Terrorismus-, Nuklear- oder Erdbebenversicherungen - interveniert der Staat, indem er für die Privatversicherer den Höchstschaden begrenzt: bei Pool-Lösungen z.B. übernimmt der Staat (also der Steuerzahler) den Schaden unbegrenzt ab einer bestimmten Höhe. Schäden, die unter dieser Limite liegen, werden dagegen ganz normal bei der Privatassekuranz versichert und auch entsprechend tarifiert. Durch die Festlegung einer Schadens- und Haftungsgrenze läuft aber diese Art von Risikobewältigung auf eine Subventionierung von gewissen Risiken hinaus. Gerade bei der Kernkraft hat dies immer zum Vorwurf geführt, sie sei nur deshalb ökonomisch, weil sie ihre Vollkosten nicht zu tragen habe. Aber die Pool-Lösung erlaubt immerhin, dass für "kleinere" Schäden, z.B. im Bereich der Terrorismus-Risiken oder bei Erdbeben, privatwirtschaftliche Versicherung angeboten werden können und solche Ereignisse nicht der Staatskasse zur Last fallen.

---

[23] David A. Moss. When all else fails. Government as the ultimate risk manager. Cambridge (Massachusetss), Harvard University Press, 2002; pp. 152-179

Ausblick

Kommen wir zum Schluss.

Ich begann meine Ausführungen mit dem Hinweis auf die Risikogesellschaft, die Allgegenwart von Risiko und Risikomanagement. Wir scheinen heute mit einem Paradox konfrontiert: Verglichen mit dem Leben unserer Vorfahren leben wir um einiges sicherer, länger, auch in grösserem materiellem Wohlstand. Viele der Gefahren, welche damals die Lebenserwartung auf 30, 40 Jahre beschränkten, haben wir heute im Griff, wenigstens zu einem hohen Grad.[24] Das ist auch ein Verdienst der Versicherungsindustrie und der von ihr ausgehenden Impulse, etwa im Bereich des Risikomanagement. So gesehen ist die Geschichte der Versicherung eine Erfolgsgeschichte. Doch wenn wir auf die Idee von der Risikogesellschaft zurückgreifen, glauben wir als Gesellschaft nicht so recht an diese Erfolgsgeschichte. Die Menschen sehen dem Leben nicht mit weniger Furcht entgegen als früher. Was wir objektiv an Sicherheit gewonnen haben, übersetzt sich subjektiv nicht in ein unbeschwerteres Leben. Zu den individuellen Risiken, denen wir nach vor gegenübersehen, kommt die gesellschaftliche Perzeption von Risiko. Wir sorgen uns heute vielleicht weniger um Krankheiten, Hunger, Blitzschlag und Feuer - doch wir sorgen uns um so mehr um Finanzkrisen, Klimawandel, Kernkraftwerksunfälle, Rentenkrise, Pandemien - die, wenn sie auftreten, uns natürlich individuell sehr wohl treffen können. Die zunehmende Inkongruenz zwischen jenen Risiken, welche die Leute heute umtreiben, und den Risiken, welche die Versicherungen effektiv versichern können und wollen, ist vielleicht die grösste Herausforderung der privaten Assekuranz.

Ich möchte mit einer vielleicht etwas utopischen Note abschliessen: Versicherung ist nicht gerade ein Feld, das durch seine hohe Innovationskraft besticht. Wenn neue Risiken perzipiert werden, lohnt es sich, darüber nachzudenken, wo und wie die Versicherung mit neuen Produkten ihrer volkswirtschaftlichen und sozialpolitischen Rolle weiterhin gerecht werden und auch kommerziell erfolgreich sein kann. Das wird

---

[24] Power, Risk Management of everything, p. 14

nicht einfach, zumal Versicherung eine relativ reife Industrie ist (etwa im Vergleich zu IT) und der weiteren Innovation eventuell gewisse Grenzen gesetzt sind. Gemäss einer gängigen Innovationstheorie nimmt nämlich die Innovationsfähigkeit einer Industrie mit ihrem Reifegrad ab.[25] Nie wird man alle Risiken versichern können. Und Versicherungen können Schäden nur mit Geld kompensieren. Sie können nicht Verlorenes wiederbringen, ein Leben zurückgeben oder den Klimawandel rückgängig machen. Versicherung kann nur versichern, nicht vorbeugen oder verhindern, was in der Risikogesellschaft Prägung vielleicht eher gefordert ist.[26] Aber als Kind des Industriezeitalters muss die Assekuranz sich Gedanken machen, wie sie in einer Informationsgesellschaft bestehen kann. Gleiches gilt für die Konsequenzen des Klimawandels. Gerade in diesem Bereich ist allerdings die Privatassekuranz seit einigen Jahren präsent und nimmt an Diskussionen und Aktionen aktiv teil. Wir dürfen also gespannt sein, was die Zukunft für die Versicherungsindustrie und ihre Fähigkeit und Bereitschaft zur Versicherbarkeit bereithält.

---

[25] Sigma 4/2011, Innovation, p. 24
[26] Ulrich Beck. Kant oder Katastrophe - neue Formen kosmopolitischer Schicksalsgemeinschaft und Konfliktdynamiken in der Weltrisikogesellschaft. Vortrag vom 25. März 2010. in: Strategien in Politik, Wirtschaft und Wissenschaft. Herausgegeben von Martin Meyer. Sozialwissenschaftliche Studien des schweizerischen Instituts für Auslandforschung Band 37. Zürich, Verlag Neue Zürcher Zeitung, 2011, p. 25